AF263082

NOTICE NÉCROLOGIQUE

sur

MONSIEUR PIERRE-AMÉDÉE

FOUCQUES DE WAGNONVILLE

MEMBRE HONORAIRE

de la Société d'agriculture, sciences et arts de Douai

Par M. Léon MAURICE

MEMBRE RÉSIDANT.

Lue dans la séance générale du 24 août 1877.

DOUAI

L. CRÉPIN, LIBRAIRE-ÉDITEUR

23, rue de la Madeleine, 23

1878

NOTICE NÉCROLOGIQUE

SUR

MONSIEUR PIERRE-AMÉDÉE

FOUCQUES DE WAGNONVILLE

Membre honoraire.

Par M. Léon MAURICE

MEMBRE RÉSIDANT.

Lue dans la séance générale du 24 août 1877.

Messieurs,

Lorsque vous m'avez confié l'honneur de retracer pour notre Compagnie la vie de notre regretté collègue, Monsieur Foucques de Wagnonville, vous avez dû ne le faire qu'avec un sentiment de tristesse et presque un serrement de cœur dont je ne puis me défendre en écrivant ces lignes. C'est qu'en effet ordinairement le pieux devoir qui m'incombe aujourd'hui, est rempli par un ami, par un compagnon de labeurs, par un témoin ému de la vie entière ; l'auteur alors n'a qu'à réveiller ses souvenirs personnels, qu'à laisser parler son cœur et qu'à revivre un instant les jours écoulés. Puisée à ces sources vives, son émotion vous gagne et vous revoyez tout naturellement se dresser devant vous l'image de celui qui n'est plus. Mais quand vous avez ainsi cherché dans nos rangs un ami, un compagnon, un témoin vous n'en avez plus rencontré ; la mort impitoyable, en éclaircissant chaque année nos rangs, vous avait précisément et prématurément enlevé ceux sur lesquels tous vos suffrages se seraient naturellement portés. Pour n'en citer que deux, avec quel charme, avec quelle compétence, MM. Cahier ou Asselin ne vous eussent-ils pas retracé la vie de M. Foucques de Wagnonville ; avec quelle autorité ils vous auraient vanté et fait apprécier son œuvre. Mais ils vous font défaut et j'ai dû au souvenir de trop rares et déjà lointaines relations, l'honneur plus que périlleux de les suppléer. Ainsi, Messieurs se vérifie une fois de plus la navrante vérité de ce proverbe des Anciens : « Ceux qui meurent jeunes sont aimés des Dieux ! » Aimés des Dieux, qui les enlèvent plus vite aux misères de la voie étroite et semée de ronces où nous sommes jetés, aux douleurs de la vie, aux regrets du passé, aux soucis de l'avenir, et qui, par surcroît, leur permettent de laisser dans la mémoire de plus nombreux amis, une image plus pure, plus nette et plus ineffaçable !

Ma tâche, à un autre point de vue, présente des difficultés qui ne sont point sans m'effrayer. Certaines vies s'offrent d'elles-mêmes à l'histoire ; par la multiplicité des faits, par l'importance des événements, elles appellent le récit, elles inspirent le narrateur ; d'autres au contraire se dérobent et se cachent. Elles fuient le bruit et partant n'ont point d'écho, leur modestie évite la lumière, elles n'ont donc que peu d'éclat ; et ce n'est qu'à grand'peine qu'on parvient à en tirer quelques parties de l'ombre. Vous le verrez bien lorsque tout à l'heure j'aurai à vous conter l'existence toute de labeur de notre collègue, et son œuvre de bénédictin.

Pierre-Amédée Foucques de Wagnonville est né le 27 octobre 1807, dans ce château de Wagnonville, qui était réellement moins à lui qu'à nous tous, car jamais l'accès n'en fut interdit, même pendant les séjours qu'il y faisait. Sa famille n'était pas originaire de Douai, mais bien d'Abbeville. C'était une famille de noblesse provinciale où le dévouement à la patrie grande et petite se léguait de génération en génération, où l'on n'hésitait jamais devant le devoir, fut-il doublé d'une lourde charge ; elles ont été longtemps une des forces vives les plus utiles de la France, entre la grande noblesse, trop entraînée par l'ambition, et la bourgeoisie, le tiers-état, chez qui elles se recrutaient, avec qui elles s'alliaient, à qui elles servaient à la fois de but et d'exemple. Tout ce monde est bien mort aujourd'hui. Donc en 1688, un des ancêtres de M. Foucques était mayeur ou maire d'Abbeville ; un autre, un peu plus tard, conseiller au présidial de cette ville. Ce fut le bisaïeul de notre collègue qui vint le premier à Douai, on l'appelait Foucques de Bonval, il s'y maria avec une jeune fille de la famille Remy de Campeau. Son fils, Foucques de Vironchaux, d'abord militaire, mousquetaire du Roi, revint définitivement se fixer dans notre vieille cité et en 1785, il eut l'honneur d'être nommé chef du magistrat ; il avait épousé une demoiselle Demolin, fille et héritière du seigneur de Wagnonville, et c'est ainsi que ce domaine entra dans son patrimoine ; c'était le grand-père de celui dont j'ai à vous entretenir.

Amédée Foucques de Wagnonville, après de fortes études qui avaient fourni à son esprit ce fonds de connaissances sérieuses, sans lesquelles on est incapable d'embrasser avec fruit n'importe quelle branche de recherches, se sentit particulièrement attiré vers les sereines régions de l'art. Lui-même avait acquis dans le dessin et la peinture, un talent peu commun et qui lui a toujours été d'une grande utilité. Tout jeune encore, peu après avoir terminé son droit, il

partait pour l'Italie. Il y trouva, si j'ose dire, son chemin
de Damas, la révélation de sa vraie vocation, et y découvrit
le moyen de faire acte de patriotisme, de rendre un im-
mense service à son pays, à sa ville natale, tout en donnan^t
libre et pleine satisfaction aux goûts qui s'étaient emparés
de son âme.

Mais avant de quitter Douai, il nous avait assez montré
de quoi il serait capable et avait prouvé qu'on pouvait
attendre beaucoup de lui. Ses habitudes laborieuses avaient
de bonne heure fixé l'attention de notre Compagnie et le 11
mai 1838 il était nommé membre résidant. Vous n'avez pas
tardé à lui donner une place dans votre bureau, et en 1841,
vous le nommiez secrétaire-adjoint, et l'avez confirmé dans
ces fonctions pendant plusieurs années. Dès avant cette
époque, le suffrage de ses concitoyens l'avait fait entrer
au Conseil municipal de Douai.

M. Foucques fut pendant un assez long espace de temps
un de vos collaborateurs les plus féconds. Ses premiers travaux remontent à l'année 1839, il vous lisait alors, en
vous rendant compte des publications de l'Académie des
Jeux floraux de Toulouse, une étude intéressante sur une
ancienne confrérie poétique, qui sous le nom de confrérie
des Clercs-Parisiens, s'étaient fondée à Douai vers 1330,
avait institué des concours de poésie, et décernait à ses
lauréats des prix d'autant plus enviés, que les Échevins y
ajoutaient une exemption entière d'octrois.

Dans l'année 1840, M. Foucques vous donnait la primeur
de plusieurs chansons inédites de Marguerite de Navarre,
l'illustre sœur de François 1er, découvertes par lui dans un
manuscrit qu'il possédait et que vous avez fait insérer dans
vos Mémoires (tome VIII, 1re série). Ces petits poèmes
gracieux et légers, avec l'introduction qui les accompagne,

dédommageraient amplement de leur peine ceux d'entre vous, Messieurs, qui voudraient les y chercher.

Les volumes de vos publications qui suivent contiennent de nombreux travaux et rapports qui témoignent d'une singulière variété d'aptitudes chez notre collègue. Pendant longtemps, c'est lui qui vous fera connaître les résultats de vos concours d'économie rurale, d'histoire, de poésie. A cette époque, la Société avait l'habitude de nommer des commissions qu'elle chargeait d'étudier à fond une question et de la traiter dans un rapport. M. Foucques fut plusieurs fois choisi comme rapporteur, et c'est ainsi que nous trouvons, entre autres, (tome X, i^{re} série), un travail signé de lui, sur la législation relative aux plantations des routes, sur leur importance économique, leurs avantages, leurs inconvénients et les mesures qui seraient à prendre pour les favoriser. Une autre fois, il était envoyé à Paris par la Société et y faisait, à ce titre, partie d'une réunion de délégués de l'agriculture chargés d'intervenir auprès du gouvernement pour obtenir des mesures de législation favorables à nos contrées, à propos de l'introduction en France des graines oléagineuses exotiques. Vers le même temps, il faisait connaître à la Société beaucoup des nombreuses publications qu'elle reçoit. Les Archives historiques du Nord, le journal des économistes, les revues et mémoires relatifs aux arts, des ouvrages historiques variés, lui étaient renvoyés et il vous en rendait un compte intéressant et substantiel.

C'est dans le tome 1er de la 2me série de vos Mémoires que je trouve la première trace de ses recherches en Italie. En 1849, il vous envoie de Florence une pièce inédite sur les Médicis et l'histoire du pays. Dès lors Florence va faire une dure concurrence à Douai et ce n'est plus que de loin

en loin que nous retrouvons dans nos mémoires le nom de
M. Foucques. Néanmoins il ne vous abandonne jamais;
c'est à vous qu'il annonce par une lettre, dont je retrouve
la trace dans le volume 1854-55, l'heureuse découverte
d'un enfant en marbre et d'un Christ dûs au ciseau de
Jean-de-Bologne, et le bonheur qu'il avait eu de pouvoir
s'en rendre maître. Ces deux remarquables œuvres d'art
sont aujourd'hui de celles qui donnent le plus de prix aux
collections laissées à la ville de Douai par notre généreux
collègue. La même année, il vous communiquait une lettre
de Vincente Guigny, alors ambassadeur de Florence auprès
de Henri IV.

Dans le volume suivant se trouve insérée une notice sur
la razière, ancienne mesure locale de capacité qui a été
jadis employée également en Italie, et dont, par extension,
on a fait une mesure de superficie, enfin dans le tome VII
de cette seconde série, nous rencontrons un travail très im-
portant, intitulé : « Particularité sur les péripéties du
commerce maritime dans les deux Indes, vers la fin du
XVI⁰ siècle. »

Sous ce titre, peut-être un peu trop vague, M. Foucques
de Wagnonville vous a surtout donné de curieux détails sur
des voyages lointains, entrepris à cette époque par des Flo-
rentins, à l'instigation souvent des Médicis, jaloux de s'as-
socier à ce mouvement qui poussait le vieux monde
à la découverte des terres inconnues. Nous y trouvons de
très intéressantes révélations sur les difficultés inouïes qu'of-
fraient alors les voyages de long cours, les entraves de toutes sortes au moyen desquelles l'Espagne, le Portugal, la
Hollande s'efforçaient de conserver le monopole des mondes
nouveaux; enfin sur les efforts qu'ont fait pendant longtemps les populations de l'extrême Orient, pour conserver

avec l'Europe des relations directes et par terre, que la conquête de l'Asie occidentale par les Turcs interrompit pour toujours. Il nous montre encore dans ce travail les Médicis désireux de faire venir des lointaines contrées, que l'imagination des temps dotait de toutes les splendeurs, des pierres précieuses, des marbres rares et nouveaux, pour en orner la fameuse chapelle de San Lorenzo, que le ciseau de Michel-Ange devait bien plus enrichir que toutes ces ruineuses somptuosités. Ce travail a dû coûter beaucoup de temps à son auteur. Toutes les sources auxquelles il a puisé, les pièces qu'il a consultées sont scrupuleusement décrites et énumérées dans un Appendice.

Votre société appréciant, comme ils le méritaient, les travaux d'un tel collaborateur, avait le 25 juin 1852 décerné le titre de membre honoraire à M. Foucques de Wagnonville. Aussi bien, il n'eût que difficilement pu continuer à figurer parmi vos membres résidants. Il n'habitait plus le Nord que peu de mois chaque année. Florence l'avait saisi et ne le lâchait plus.

Entre toutes les nobles cités de l'Italie, parées à nos yeux éblouis d'hommes du Nord, à la fois de toutes les grâces de la jeunesse, de la splendeur d'un ciel unique, et de l'infinie poésie du passé, Florence devait lui plaire plus que toute autre; la Florence de ses premiers voyages surtout, restée presqu'entièrement la ville des Médicis et n'ayant pas encore été modernisée par ce rôle de capitale d'un grand royaume qu'elle a joué durant quelques années. Gouvernée par des princes débonnaires et faciles, qu'elle eût aimés, s'ils n'avaient porté le titre d'archiducs d'Autriche, parée des plus précieuses merveilles de l'art, enrichie de bibliothèques regorgeant de trésors inexplorés, elle offrait en outre à ses visiteurs l'attrait d'un climat charmant, méridional, sans ardeurs excessives en été, sans rigueurs en hiver. Aussi était-elle le séjour d'une nombreuse colonie étrangère. Alfieri et la comtesse d'Albany, Byron, Shelley, les Bonaparte exilés, les Borghèse et tant d'autres avaient traversé ses salons, ou s'y étaient installés, et lui avaient donné un cachet qu'on ne retrouvait nulle part ailleurs. A côté de ces enivrements, elle n'était pas une ville bruyante et affairée, au contraire elle avait le calme et le silence favorables à l'étude, elle ouvrait avec abandon ses trésors à qui voulait y puiser ; M. Foucques de Wagnonville était jeune, était riche, maître de sa vie, il y revint souvent et bientôt ne put plus s'en séparer.

Il y avait d'ailleurs trouvé un but à ses travaux, une œuvre qui le sollicitait, presqu'un devoir à accomplir. On ne peut visiter Florence sans être frappé d'admiration pour ce grand artiste de la Renaissance, Jean-de-Bologne, dont les œuvres ne redoutent aucun voisinage, aucune comparaison. Bien peu de Français savaient alors qu'ils avaient en lui un compatriote ; Douai se souvenait à peine qu'elle pouvait le revendiquer comme son fils. Nos pères, Messieurs, ont peut-être été un peu trop oublieux de ces gloires artistiques, qui sont les plus beaux fleurons de la couronne de notre cité. Ils avaient perdu jusqu'au nom des Bellegambe et de bien d'autres artistes éminents ; ils n'avaient recueilli aucune œuvre du grand statuaire dont nous parlons. M. Foucques de Wagnonville se consacra à réparer cette injustice autant qu'il était en lui. L'œuvre valait qu'il s'y dévouât.

Jean de Bologne brille à Florence d'un éclat que ne font pas pâlir les rivalités les plus redoutables. Son Mercure volant n'a rien à envier au Persée de Benvenuto Cellini, ses groupes de l'enlèvement d'une Sabine, d'Hercule terrassant le centaure Nessus se font admirer même après les splendeurs de la Chapelle des Médicis, le chef-d'œuvre de Michel-Ange. Ses deux statues de Cosme Ier, son Satyre, son Saint Luc, ses fontaines des jardins Boboli, son groupe de la Vertu écrasant le Vice, et tant d'autres que je suis contraint d'omettre, y forment un ensemble dans lequel il est impossible de ne pas reconnaître un de ces grands génies, éternel honneur de l'humanité, dont le nom seul suffit à ennoblir la cité qui l'a vu naître.

M. Foucques de Wagnonville résolut donc de consacrer sa vie à faire mieux connaître Jean de Bologne et son œuvre, à arracher au moins à l'Italie quelques-uns de ses immortels ouvrages, à rendre en un mot à la ville natale quelques parcelles du splendide héritage laissé par un de ses fils. Il se mit dès lors à parcourir la Péninsule, suivant partout les traces de son héros, étudiant et décrivant ses chefs-d'œuvre, fouillant les bibliothèques et les archives, butinant partout avec le goût le plus sûr et un zèle que rien ne lassait. Des voyages répétés ne lui suffirent pas longtemps ; à côté d'ailleurs de ce travail de prédilection, tant d'autres sujets captivaient son esprit, sollicitaient son attention, qu'il ne put plus quitter l'Italie.

Ce ne fut, nous l'avons dit, pour Douai, ni une désertion, ni un oubli. Il ne s'éloignait de sa ville que pour la mieux servir, jamais elle ne fut plus près de son cœur et de son souvenir que quand il travaillait ainsi loin d'elle à l'enrichir. Il n'est permis d'en douter à aucun de ceux de nos compatriotes qui ont été assez heureux pour le visiter sur les rives de l'Arno. J'ai eu cette fortune, j'ai été pendant quelque temps le témoin de sa vie laborieuse et c'est le souvenir reconnaissant que j'ai gardé de son hospitalité, qui m'a empêché de reculer devant la tâche que vous m'avez imposée.

C'était en 1855, il y a bien longtemps déjà, mais ma mémoire fidèle me retrace ces jours comme s'ils étaient d'hier, que je fus frapper à sa porte. M. Foucques de Wagnonville n'habitait pas alors le palais de la place des Zouaves qu'il se fit construire depuis, pour y loger dignement ses collections, car lui-même vécut toujours avec la plus grande simplicité. Il occupait, ou plutôt ses tableaux, ses objets d'art, ses statues, ses livres occupaient et encombraient un vaste appartement, situé non loin de cette place unique, où Sainte-Marie-des-Fleurs dresse son dôme à côté du Campanile et du Baptistère. La bonté exquise, la bienveillance avec laquelle il accueillait un jeune homme de vingt-et-un ans témoignait assez de ses sentiments pour sa ville natale ; il suffisait presque d'en venir pour être ainsi reçu, car je n'avais d'autre recommandation auprès de lui que mon origine et quelques relations un peu lointaines de famille. J'étais seul, fort inexpérimenté, mais profondément épris des choses de l'art, et enthousiasmé du beau voyage que je faisais, il voulut être mon cicerone et grâce à lui, j'ai pu voir, connaître et apprécier Florence comme pas une autre ville. Chaque soir, il me remettait les notes qui devaient me guider le lendemain, signalant à mon attention tout ce qu'il jugeait digne d'étude et d'admiration ; lui-même à neuf heures du matin, tous les jours, et c'est ainsi qu'il fit pendant plus de trente ans, se rendait à la bibliothèque des Offices (degli Uffizi) dès l'ouverture des salles de travail ; jusqu'à trois heures, il se livrait à ses recherches historiques, avec le zèle et le soin d'un bénédictin, puis quand l'heure de la fermeture avait sonné, il venait me retrouver sous l'admirable Loggia dei

Lanzi, où je l'attendais, perdu dans la contemplation des
des chefs-d'œuvre qui m'entouraient. Il m'emmenait alors,
pendant les dernières heures du jour, soit à San Miniato,
où il repose aujourd'hui, soit au Poggio Imperiale, où à
l'antique Fiesole, la mère aujourd'hui couchée dans ses
ruines de la jeune Florence ; les heures s'écoulaient rapi-
des, grâce à sa conversation instructive, à son érudition ; il
m'apprenait à bien voir, à bien juger et la nature et l'art,
puis nous dinions ensemble et la journée s'achevait au
théâtre de la Pergola, alors admirablement desservi par une
troupe d'élite : quand je le quittais le soir, il me remettait
le plan de la journée suivante. Pardonnez-moi, Messieurs,
ces souvenirs personnels, mais ils ont laissé dans mon âme
de si profondes empreintes, j'ai tant gagné à ses leçons, que
ma mémoire émue est heureuse de saisir cette suprême
occasion d'envoyer par delà la tombe, un dernier témoi-
gnage de reconnaissance à l'homme distingué qui s'est
montré si bienveillant pour moi. J'ai rarement eu l'honneur
de le voir depuis lors, ses séjours dans le Nord se firent de
plus en plus courts et avaient lieu presque toujours à une
époque de l'année où j'étais absent, aussi son souvenir est
resté pour moi lié à celui de ces jours bénis, embellis par
le soleil d'un printemps radieux, où les enchantements de
la nature unis aux splendeurs de l'art, ravissaient mon âme
vers les plus sereines régions de l'idéal.

Déjà en 1855, M. Foucques de Wagnonville ne s'occupait plus uniquement de Jean de Bologne. Vous l'avez bien
vu par l'exposé que je vous ai fait tout à l'heure des travaux
qu'il vous envoyait. La bibliothèque des Offices lui offrait
trop de sujets de distraction, d'infidélité, si j'ose dire.
L'époque où deux princesses de la maison de Médicis ré-
gnèrent sur la France l'attirait plus particulièrement. Vous

savez, Messieurs, si les dépôts publics et privés de Florence sont riches sur ces temps troublés. Un de nos plus savants, de nos plus aimables collègues, M. Abel Desjardins, vous a parfois donné la primeur de ces fruits exquis qu'un esprit profond et délicat sait tirer de ce sol fécond. Il manquait malheureusement à M. Foucques de Wagnonville une qualité souvent nécessaire à l'historien, celle de savoir se borner, d'oser sacrifier, d'avoir le courage d'élaguer. Si j'ose lui faire ce reproche, c'est que là est la cause du peu de travaux terminés qu'il nous a laissés, comparativement aux peines qu'il se donnait. Il ne croyait jamais avoir assez étudié, assez approfondi son sujet, craignant toujours que quelque chose lui échappât, il fouillait toujours plus avant. Parfois, au lieu de la veine cherchée, il en trouvait une autre, ce n'était plus l'objet de ses investigations, mais c'était encore un filon précieux, inexploré, il lui en coûtait trop de le laisser retomber dans l'ombre et il le suivait, copiant les pièces, amoncelant les notes, faisant souvent travailler plusieurs aides. Au milieu de tout cela, le temps se passait, les années s'écoulaient et c'était toujours à demain qu'il remettait le dernier labeur, celui de la rédaction. Il ne se lassa jamais et la mort le surprit au milieu de son œuvre. Son histoire de Jean de Bologne et de son œuvre, son histoire des Médicis, de Marie de Médicis en particulier, tout cela est resté en quelque sorte en puissance dans les papiers qu'il a légués à la ville de Douai. Il y a là de quoi tenter l'ambition d'un des nôtres. Les minerais précieux ont été tirés par M. Foucques de la carrière où ils reposaient. Ils sont là amoncelés, ne demandant qu'à être mis en œuvre, et prêts à livrer, au sortir du creuset d'un travail intelligent, une œuvre d'un pur métal.

Monsieur Foucques de Wagnonville sentait bien lui-même dans ces derniers temps, que l'heure pouvait sonner d'un instant à l'autre où la mort mettrait fin à ses incessants labeurs et il avait commencé à leur donner une forme plus accusée. Outre son manuscrit de l'histoire de Jean de Bologne auquel il ne reste guère à mettre que la dernière main, il avait dans les derniers mois de son existence, rédigé un travail sur Jacques Callot, ayant retrouvé aux Offices de nombreux dessins inconnus du maître Lorrain, avec un certain nombre de lettres et de pièces relatives aux dix ou douze années qu'il passa en Italie. Une publication récente, savante mais incomplète, donnait à la question une saveur d'actualité, il envoya son travail à une splendide revue, l'*Art*, qui se publie à Paris et les premières pages en paraissaient peu de jours après sa mort.

On retrouve dans ce travail dont la publication n'est pas même encore achevée, toute son érudition patiente et sûre, et il a révélé, décrit et jugé pour les admirateurs du grand graveur une série considérable (plusieurs centaines) d'œuvres ignorées.

La mort ne lui permit pas d'aller plus loin. Il ne fut point surpris par elle; certes, il l'avait dès longtemps regardée en face. Ses dernières dispositions étaient prises avec une fermeté, une netteté qui montrent combien les pensées d'au-delà de la tombe lui étaient familières. Il a voulu reposer pour l'éternel sommeil dans le Campo Santo de San-Miniato-al-Monte, près de Florence, en vue de cette ville qu'il avait tant aimée. Il semble que la mort ait là-bas, sous le ciel de l'Italie, moins d'affres et de tristesses que sous nos cieux incléments. Rien ne ressemble moins à nos cimetières désolés où la mort s'étale en rangs pressés, qu'un Campo Santo d'Italie, où les tombes se cachent et se voilent sous les arbustes et les fleurs. Nos cimetières sont hélas ! trop souvent des charniers où la douleur des vivants ne trouve pas un coin pour voiler sa pudeur ; un Campo Santo est un parc où tout parle à l'âme de vie nouvelle, et de renaissance, où la douce nature sèche les larmes amères, en répétant avec le poète aux âmes blessées

Qu'il est une terre où tout doit refleurir

Après avoir aussi assuré son dernier repos, M. Foucques de Wagnonville s'est préoccupé de ce qui fut comme une partie de son âme, du fruit de ses chers labeurs, de ses collections rassemblées au prix de tant de peines, de tant de dépenses, de tant de fatigues, de ses manuscrits, de sa bibliothèque si souvent confidente de ses veilles. De tout cela, il a fait la part de la ville de Douai. La pensée qu'un jour viendrait peut-être où tant de richesses, qu'il n'avait pas eu trop de la vie entière pour amasser, pouvaient être dispersées aux quatre vents des enchères publiques, lui était intolérable. « Sans vouloir, dit-il dans son travail sur Callot,
» sans vouloir me faire le champion du droit d'aînesse, il
» est à dire une vérité, c'est que le temps passé était plus
» favorable que le nôtre à la conservation des galeries de
» famille. Sous le régime actuel de la division des héritages,
» le sort des collections est d'arriver au bureau de la vente
» aux enchères, et le rôle du descripteur devient découra-
» geant, à peu près inutile, puisque les objets d'art vont
» être perdus dans le gouffre de la dispersion. *Rari nantes*
» *in gurgite vasto* sont ceux auxquels vous ne ferez pas
» vos adieux... pour Londres, pour la Russie... passe
» encore, mais pour l'Amérique, adieux éternels ! »

Et plus loin il ajoute :

« En terminant la lecture du passage de l'ouvrage de M.
» Meaume, Dieu seul, me suis-je écrié, peut dire où sont

» passées ces richesses ballottées de ventes en ventes aux
» enchères (j'en excepte naturellement les Musées); et en
» admirant les peines que se donne un estimable érudit
» afin de rassembler des indications sur les dessins de
» Callot, n'éprouve-t-on pas un sentiment douloureux de
» l'inanité de ces patientes recherches, lorsqu'on voit le fil
» d'Ariane tissé par l'éminent auteur, continuellement
» rompu par la transmission de mains inconnues à d'au-
» tres mains inconnues, des dessins de Callot, par suite des
» adjudications du commissaire-priseur ! »

C'est donc à la fois à un sentiment d'affection pour sa ville natale et d'amour pour ses collections qu'il cédait en écrivant son testament. Il savait que son legs serait pieusement reçu, religieusement conservé; il voyait en esprit notre Musée de tableaux transformé par l'infusion de ses nombreuses toiles et empruntant un cachet tout particulier parmi les musées du Nord à la présence de tant d'œuvres de maîtres italiens, dont plusieurs sont du plus haut prix et signées des plus grands noms ; notre galerie de sculpture rehaussée et comme anoblie par les œuvres de Jean-de-Bologne qu'il avait à grand peine rassemblées, et il se décida à tout nous donner généreusement. Ce fut un abandon complet et sans restriction, tout ce qui dans sa succession avait un cachet artistique fut laissé à notre Musée, même ces objets d'art, ces bijoux intimes que conservent ordinairement les familles. Une seule exception fut faite par lui, non sans déchirement, j'en suis certain, mais sous l'aiguillon de la nécessité. Je veux parler de ses collections étrusques qu'il laissa à la ville de Florence. Il fallait faire la part de l'Italie, qui garde aujourd'hui avec un soin jaloux les trésors de l'art que renferme son sol et ses galeries, trop longtemps mis au pillage par les étrangers. Certes, c'est un grand malheur pour nous, car cette suite d'antiquités étrusques dont il avait en 1855 acquis le noyau d'un curé des environs de Cortone, était si précieuse, qu'au milieu de ses splendides musées, Florence la jugea digne d'en former un spécial, auquel on consacra une des plus belles salles du palazzo Vecchio et qui fut inauguré, il y a quelques mois, devant l'empereur du Brésil, parcourant alors l'Italie, et avec le concours de tout ce que la reine de l'Arno renferme d'homme distingués.

Grâce à ce sacrifice, le reste des collections de M. Foucques de Wagnonville put franchir les Alpes et nous arriver sans autre encombre que quelques regrettables accidents, dûs à un emballage défectueux. Je ne vous parlerai pas de ce Musée qui occupe actuellement, en attendant une installation digne de lui, tous les anciens salons de notre hôtel [de ville, chacun de nous l'a vu et apprécié, et tous, en quittant ces salles, nous avons reporté un souvenir de gratitude à celui qui nous a légué tant de richesses. Mais M. Foucques de Wagnonville, permettez-moi de le dire en terminant, Messieurs, nous a donné dans son exemple quelque chose de plus précieux encore, il nous a montré comment, tout en vivant heureux, les favorisés de la naissance et de la fortune peuvent se rendre utiles à leur pays et laisser un nom qu'on ne prononce qu'avec reconnaissance.

10,027.—Douai, imprimerie L. Crépin, 23, rue de la Madeleine.